Aleš Vrtal

Die Geschichte vom unzufriedenen Hasen

SCHNEIDER BUCH

Am Ende eines Tales steht
ein kleines Haus.

Dort wohnen ein Hase und
ein Igel zusammen.

Eines Morgens sagt der Hase zu seinem Freund Igel: „Ich habe einen Entschluß gefaßt!" „Aha", brummt der Igel,

der gerade die Zeitung
liest. „Wozu hast du dich
denn entschlossen?"

„Von heute an esse ich nur noch Fleisch", sagt der Hase.

Der Igel traut seinen Ohren nicht. „Aber Hasen essen doch kein Fleisch", meint er.
Doch davon will der Hase nichts hören.
Sein Entschluß steht fest . . .

Der Metzger Wolf hat sein Geschäft im Dorf Rosengrund. Es liegt ein paar Hasensprünge entfernt hinter einem Hügel.

2 4153-4

Als der Hase den Laden betritt, ist der Wolf ein bißchen überrascht. Aber auch ein Hase kann schließlich ein Kunde sein.

„Ich hätte gern eine Wurst", sagt der Hase.

„Wie der Herr wünscht", erwidert der Wolf. „Aber du bekommst sie nicht umsonst."

„Was muß ich denn dafür geben?" fragt der Hase erstaunt.

„Du mußt sie dir verdienen", sagt der Wolf.

Und er schickt den Hasen zu seinem Nachbarn, dem Zimmermann Bär. Der könne den Hasen bei der Arbeit sicher gut brauchen.

„Sei mir nicht böse",
brummt der Bär, als der
Hase ihn nach Arbeit
gefragt hat. „Aber du bist
für meine schwere Arbeit
nicht stark genug.

Frag doch einmal bei der
Schneiderin Eule nach."

Doch bei der Eule ergeht es dem Hasen auch nicht besser. „Deine Pfoten eignen sich für die feine Arbeit nicht", sagt sie.

Schließlich kommt der Hase
beim Gärtner Hirsch vorbei.
Ob er hier mehr Glück hat?

3 4153-4

„Du möchtest also bei mir arbeiten", sagt der Hirsch nachdenklich. „Nun, ich versuche es mit dir. Ich weiß nämlich, daß du etwas von Pflanzen verstehst."

Der Hase springt vor Freude in die Luft und fängt gleich an. Aber die Arbeit ist gar nicht so leicht.

Er muß graben und harken,

das Unkraut jäten, pflanzen

und auch tüchtig gießen.

Nach der Arbeit ist er
sehr müde, aber sein Fleiß
hat sich gelohnt.

Als er sich ein wenig
erholt hat, geht er
wieder zum Metzger Wolf.
Dort bekommt er für
seinen Lohn
endlich die Wurst.

Und weil der Hase sehr
hungrig ist, zögert er nicht
lange und beißt mit
großem Appetit in die
Wurst hinein.

Aber o weh! Sie schmeckt ihm nicht, und er ist sehr, sehr enttäuscht. Nun steht er da und weiß gar nicht, warum er nur noch Fleisch essen wollte.

Ach, du armer Hase!

Traurig geht der Hase zu seinem Freund Igel zurück. Der Hase erzählt ihm von seiner großen Enttäuschung mit der Wurst.

Dann faßt er wieder einen Entschluß . . .

Am nächsten Morgen sitzen Hase und Igel wieder auf der Bank

vor dem Haus. Der Igel liest
wie immer seine Zeitung,
und der Hase knabbert,
wie früher, mit großem

Genuß an einer Karotte.
„Guten Appetit!" sagt der
Igel und lächelt vergnügt
hinter seiner Zeitung.

CIP-Titelaufnahme der Deutschen Bibliothek

Vrtal, Aleš:
Die Geschichte vom unzufriedenen Hasen / Aleš Vrtal. –
München : F. Schneider, 1989.
ISBN 3-505-04153-X
NE: HST

8000 München 40 · Frankfurter Ring 150

Umschlagkonzeption: Heinz Kraxenberger
Titelbild und Illustrationen: Aleš Vrtal
Lektorat: René Rilz
Herstellung: Brigitte Matschl
Satz: Typo-Bach, München
Druck: A. Huber GmbH & Co. KG, München
ISBN: 3 505 04153-X

93 92 91 90 / 12 11 10 9 8 7 6 5 4 3 2

Märchenhafte SchneiderBücher von Aleš Vrtal:

HABE ICH		WÜNSCHE ICH MIR
	Rettet den Hahn! Freunde sollten einander helfen	
	Die Geschichte vom unzufriedenen Hasen Vom Hasen, der nur noch Wurst essen wollte	
	Willst du mein Freund sein? fragt die Maus Die Maus sucht einen starken Freund	
	Sag uns, wo es schöner ist Der kleine Fuchs und der Bär suchen den schönsten Fleck auf Erden	
	Das Geschenk **Auch eine Weihnachtsgeschichte** Ein Weihnachtsabend mit Überraschungen . . .	

Gib diesen Wunschzettel deinen Eltern oder Großeltern oder allen, die dir gerne eine Freude machen wollen.